Nahrung für die Seele

Lama Dagsay Tulku

TIBETISCHE MANTRAS

Da dieses Büchlein wertvolle tibetische Mantras mit uralten Heilsilben enthält, bittet der Autor, Lama Dagsay Tulku, die Leserschaft höflich darum, es respektvoll aufzubewahren.

Nahrung für die Seele

Lama Dagsay Tulku

Tibetische Mantras

Bauer

Verlag Hermann Bauer
Freiburg im Breisgau

Die Deutsche Bibliothek – CIP-Einheitsaufnahme

Ein Titeldatensatz für diese Publikation ist bei
Der Deutschen Bibliothek erhältlich

Herausgegeben von Richard Reschika

1. Auflage 2002
ISBN 3-7626-0882-2
© 2002 by Verlag Hermann Bauer GmbH & Co. KG,
Freiburg i. Br.
www.hermann-bauer.de
Das gesamte Werk ist im Rahmen des Urheberrechtsgesetzes geschützt. Jegliche vom Verlag nicht genehmigte Verwertung ist unzulässig. Dies gilt auch für die Verbreitung durch Film, Funk, Fernsehen, photomechanische Wiedergabe, Tonträger jeder Art, elektronische Medien sowie für auszugsweisen Nachdruck und die Übersetzung.
Einband: Ralph Höllrigl, Freiburg i. Br., unter Verwendung einer Vorlage aus der Privatsammlung von Dagsay Tulku
Gesamtherstellung: fgb · freiburger graphische betriebe
www.fgb.de
Printed in Germany

Inhalt

Vorwort 7
Was ist Meditation? 11
Wozu meditieren wir? 17
Warum kann Meditation Leid
   mildern? 23
Meditationsvorbereitungen 31
Die Bedeutung der Visualisierung 41
Sinn und Zweck der tibetischen
   Mantras 49
Tibetische Meditationen und
   Mantras 53
   Die Nektarreinigung und das
   Vajrasattva-Mantra 53

Die Heilkraftsammlung und das
Medizin-Buddha-Mantra 58
Die Farbregenschauer und die
entsprechenden Reinigungs-
mantras 64
Die Energiesammlung der fünf
Elemente und die entsprechenden
Mantras 70
Die drei Lang-Lebe-Mantras 82
Das Liebe- und Mitgefühl-Mantra
Chenresi 86

Gedanken zum Schluss 97
Meine sieben Wunschjuwelen 105
Quellennachweis 107

Vorwort

In den letzten Jahren hat das Bedürfnis nach innerem Frieden bei den Menschen im Westen enorm zugenommen. Als einer der ersten tibetischen Lamas, die sich hier im Westen vor fast vier Jahrzehnten niederließen, ist es mir ein besonderes Anliegen, aufgrund meiner persönlichen Erfahrungen als Mönch in der geistigen Welt des Klosters sowie als weltlicher Mensch das Tor zur tibetischen Meditation zu öffnen.

Mein innigster Wunsch ist es, allen Menschen ungeachtet ihrer Herkunft, ihres Glaubens und ihres Alters die wertvollen Anleitungen zur tibetischen Meditation auf eine einfache und klare Weise zu vermitteln. So möchte ich auch die Menschen ermutigen, die sich in ihrem jeweiligen Glauben geborgen fühlen, die tibetische Meditation als wertvolles Mittel zur Intensivierung ihrer Spiritualität einzusetzen. Ich empfehle sie auch denjenigen, die sich zu keinem bestimmten Glauben bekennen, denn auch sie können auf vielfältige Weise davon profitieren.

In der festen Annahme, dass die Ursachen vieler unserer Probleme und unserer Unzufriedenheit von außen kommen, versäumen wir oft den wichtigen Blick nach innen. Nur wenn wir unseren inneren Frieden erfahren haben, können wir auch äußeren Frieden ausstrahlen und somit zu einem spürbar positiven Umfeld für uns selbst und unsere Mitmenschen beitragen. So kann jeder Einzelne einen Beitrag leisten für den

Frieden auf unserer Erde. Es ist mein tiefster Wunsch, dass möglichst viele Menschen diesen gemeinsamen Weg des Friedens gehen.

Mit diesem Büchlein über die tibetische Meditation möchte ich allen Menschen auf der Welt helfen, innere Ruhe und Gelassenheit zu finden, und sie an die einzigartige Quelle der Liebe und des Mitgefühls führen. Erst wenn wir in Einklang mit dieser Quelle leben und daraus schöpfen, strahlen wir Frieden aus und tragen somit zu einem positiven Umfeld bei.

Was ist Meditation?

Gom« ist das tibetische Wort für Meditation und bedeutet wörtlich übersetzt »sich mit einem Objekt vertraut machen«. Das Objekt, auf das man sich konzentriert, nennt man Meditationsobjekt. Es kann eine Blume sein, eine Kerze, ein Bild oder eine Figur oder auch der Geist selbst. Da die Art des Objekts sich direkt auf den Geist des Übenden auswirkt, kommt seiner Wahl besondere Bedeutung zu. Wählen Sie zum Beispiel ein Objekt, das bei Ihnen positive Gedanken hervorruft, wird Ihr Geist positiv verändert, und Sie kommen in einen friedlichen, angenehmen Zustand. Wählen Sie ein Objekt, das bei Ihnen negative Gedanken hervorruft, wird Ihr Geist negativ verändert, und Sie empfinden einen unangenehmen Zustand. Wählen Sie hingegen ein Objekt, das bei Ihnen weder gute noch schlechte Gedanken hervorruft, bleibt Ihr Geist zwangsläufig unverändert, neutral.

Da wir aber meditieren, um etwas Positives zu erreichen, ist es natürlich sinnvoll, ein positives Meditationsobjekt auszusuchen. In der traditionellen Meditation wird grundsätzlich ein spirituell heilsames Meditationsobjekt verwendet.

Durch tiefes »Nachdenken« über dieses Objekt wollen wir erreichen, dass sich unser Geist im positiven Sinne verändert. Dazu stellt uns die tibetische Meditation verschiedene Methoden zur Verfügung, die sich auf zwei Stufen beziehen: die *konzentrative* und die *analytische* Meditation. Bei der *konzentrativen* Meditation geht es darum, den Geist an ein bestimmtes Meditationsobjekt zu binden und frei von jeglicher Ablenkung darauf verweilen zu können. Sie bildet die Grundlage der *analytischen* Meditation, bei der unter anderem versucht wird, das Meditationsobjekt auf seine wahrhafte Natur hin zu erforschen, um die letztendliche wahre Natur der Phänomene zu erkennen. Dieses Erkennen ist eine der Voraussetzungen, um die Buddhaschaft zu erlangen, die vollkommene Erleuchtung – das Ziel der Meditation im tibetischen Buddhismus.

Da aus buddhistischer Sicht alle unsere Handlungen vom Zustand des Geistes abhängen und gerade eine ungesunde Geisteshaltung Leid verursacht, ist der Geist selbst das wichtigste Meditationsobjekt. Ich spreche gern von der Zähmung des Geistes. Ein ungezähmter Geist kann sich selbst und anderen viel Leid zufügen, während ein friedvoller Geist für sich selbst und sein Umfeld eine angenehme Atmosphäre verbreitet. Insofern dient Meditation auch dazu, Körper und Geist in Einklang zu bringen und einen angenehmen, harmonischen Zustand des inneren und äußeren Friedens herbeizuführen.

Wozu meditieren wir?

Alle Lebewesen, vom Menschen bis zum kleinsten Insekt, haben zweifellos etwas gemeinsam: Alle streben nach Glück und Wohlergehen, keines will leiden.

Bestimmt haben auch Sie schon einmal fasziniert dem geschäftigen Treiben in einem Ameisenhaufen zugesehen. Die Ameisen hetzen völlig gestresst von einem Ort zum anderen und sind auf ihre Art ebenfalls auf der Suche nach einer Art Befriedigung, einer Art Wohlergehen.

In ähnlicher Weise sehe ich uns Menschen. In unserer kurzen Lebensspanne von maximal 80–100 Jahren gehen wir tagtäglich denselben Beschäftigungen nach: Wir arbeiten, essen, trinken, schlafen und sind stets bemüht, uns Glück und Wohlergehen zu verschaffen. Wie kommt es dann, dass es uns dennoch nicht gelingt, dauerhaft glücklich und zufrieden zu sein?

Neben unseren unausweichlichen

vier Grundleiden – Geburt, Alter, Krankheit und Tod – beschattet immer wieder irgendein anderes Leid unser Leben. Unzählige Probleme, die größtenteils aus einer falschen inneren Einstellung entstehen, sorgen dafür, dass unser Glück nie allzu lange anhält. Es wird getrübt durch zwischenmenschliche Beziehungen, die nicht mehr intakt sind, durch Stress am Arbeitsplatz, Geldsorgen, Probleme bei der Erziehung der Kinder usw.

Aus Bequemlichkeit neigen wir dazu, die Ursachen des Leidens außerhalb von uns zu suchen. Und bestimmt gelingt es uns auch, gewisse Gründe zu finden, die sich scheinbar aus dem Fehlverhalten der anderen ergeben. Aber auf Dauer wirkt das ziemlich ermüdend, weil sich das Bild der Probleme nie ändern wird. Sie können noch so lange fortfahren, den anderen den Schwarzen Peter zuzuschieben, damit betreiben Sie jedoch lediglich eine Art Symptomverschiebung, denn die wahre Ursache des Leidens finden Sie nur, wenn Sie den Blick nach innen richten.

Tibetische Ärzte und Lamas sind

der Meinung, dass eine Krankheit an der Wurzel angepackt werden muss, um geheilt werden zu können. Eine Symptombekämpfung oder -verschiebung bringt nur vorübergehende Heilung. Richten Sie jedoch den Blick nach innen, gelangen Sie zu der Erkenntnis, dass die wahre Ursache vieler Leiden im Wesen Ihres Geistes liegt. Nach buddhistischer Auffassung sind alle Leiden das Ergebnis der von uns selbst geschaffenen Ursachen. Nach dieser Auffassung sind wir aber auch unseres Glückes Schmied.

Warum kann Meditation Leid mildern?

Aus buddhistischer Sicht unterliegen alle Lebewesen den vier großen Leiden Geburt, Krankheit, Alter und Tod. Darüber hinaus gibt es unzählige Leiden, denen wir täglich ausgesetzt sind. So leiden wir zum Beispiel darunter, wenn wir etwas begehren und es nicht bekommen oder wenn eine Situation anders verläuft, als wir es gerne hätten. Wir leiden, wenn wir uns von unseren liebsten Angehörigen trennen müssen; wenn wir an Ansehen verlieren, wenn unsere Freunde zu Feinden werden; wir leiden, wenn unkontrollierbare Naturkatastrophen ausbrechen.

Keiner kann Leid vermeiden. Um nicht leiden zu müssen, entwickeln wir Menschen verschiedene Mechanismen. Viele werden regelrecht Meister im Verdrängen oder Verharmlosen von Leid. Oft kommt es jedoch wieder in einer umgewandelten Form zum Vorschein: als Aggression, Wut oder Hass.

Die tibetische Meditation lehrt uns andere Methoden, mit Leid umzugehen. Sie lehrt uns, wie wir Leid mildern können, und vor allem, wie wir die *Ursachen* davon erkennen können. In diesem Büchlein werde ich Sie mit Methoden vertraut machen, die Ihnen helfen, Leid zu mildern und es zu bekämpfen.

Während noch vor Jahren die Menschen im Westen den direkten Zusammenhang von Körper und Geist in Frage stellten, ist heute allgemein bekannt, dass der Zustand des Geistes für das körperliche Wohlbefinden eine große Rolle spielt. Inzwischen sind auch westliche Psychologen und Mediziner davon überzeugt, dass es eine eindeutige Verbindung zwischen Körper und Geist gibt. Diese Anschauung war im tibetischen Denken schon immer fest verankert.

Beobachten Sie einmal Ihre Körperreaktionen bei einem Gefühlsausbruch. Ein direkter Zusammenhang wird offensichtlich. Ist es nicht so, dass sich das Blut in Ihrem Kopf staut und Ihnen ganz heiß wird, wenn Sie die Wut packt? Das Gesicht wird glutrot, die Augen funkeln und Sie beißen die Zähne zusammen. Ähnliche Veränderungen des Körpers erleben Sie, wenn Sie traurig sind: Die Brust zieht sich zusammen, und die Tränendrüse produziert Tränen.

Wer beispielsweise am Arbeitsplatz oder zu Hause ständig Ärger und Stress ertragen muss, ist innerlich unruhig und verspannt. Dauert die Situation an und der Betreffende ist nicht in der Lage, sich seelisch zu entspannen, wird auch sein Körper darunter leiden. Er wird anfällig für

Krankheiten, bekommt vielleicht ein Magengeschwür oder Herzprobleme.

Wie stark Sie von der Verfassung Ihres Geistes abhängig sind, können Sie tagtäglich beobachten und erfahren. Ist Ihr Geist ruhig, gelassen und zufrieden, verläuft der Tag eigentlich recht gut, und Sie regen sich kaum über Kleinigkeiten auf. Ist Ihr Geist jedoch unruhig, verspannt und unzufrieden, erleben Sie einen ganz unangenehmen Tag und das kleinste Problem erscheint groß und unüberwindbar.

Auf diesem Grundsatz der engen

Verbundenheit von Körper und Geist bauen die Meditationsmethoden des tibetischen Buddhismus auf. Mit Hilfe dieser Methoden lernen Sie die subtilen, komplizierten Mechanismen kennen, das Zusammenspiel von Seele, Geist und Körper. Aus der Schatztruhe der tibetischen Meditation werde ich Ihnen die Methoden vorstellen, die ich als besonders wirkungsvoll erfahren habe.

Meditationsvorbereitungen

Möchten Sie die Zeit der Meditation fest in Ihren Tagesablauf einplanen, suchen Sie sich dafür ein ruhiges Plätzchen in Ihrer Wohnung. Damit sich Ihr Geist und Ihr Körper schneller auf die meditative Haltung einstellen können, wäre es gut, wenn Sie immer am gleichen Platz meditieren könnten. Dieser muss keineswegs groß oder aufwendig eingerichtet sein. Wählen sie ihn einfach danach aus, ob Sie sich wohl fühlen. Aber auch unabhängig von einem eigens dafür bestimmten Ort können Sie meditieren – das ist das Schöne an der Meditation. Sie ist auch nicht auf das Sitzen mit gekreuzten Beinen oder gar im Lotossitz beschränkt, sondern kann überall und zu jeder Zeit ausgeführt werden: zum Beispiel während Sie gehen, im Zug oder in der U-Bahn oder auch auf einer Bank. Meine Schüler schmunzeln jedesmal, wenn ich sie bitte, nicht beim Autofahren oder am Arbeitsplatz zu meditieren.

Wenn Sie über einen längeren Zeitraum hinweg sitzen möchten, brauchen Sie eine gute Unterlage, zum Beispiel eine weiche Decke oder ein Sitzkissen. Mit einem Sitzkissen fällt es Ihnen leichter, die Wirbelsäule gerade zu halten und gleichzeitig den Druck auf die Oberschenkel zu mindern. Das Kissen sollte nicht allzu hart, aber auch nicht allzu weich sein. Für Anfänger eignen sich halbmondförmige Kissen am besten. Aus Erfahrung weiß ich, dass die Menschen im Westen teilweise Mühe haben, sich auf dem Boden auf ein Kissen zu setzen und womöglich noch den Lotossitz einzunehmen. Ich ermutige sie deshalb, ihre gewohnte Sitzhaltung einzunehmen und sich einfach auf einen Stuhl zu setzen.

Damit Sie sich nicht eingeengt fühlen, empfehle ich, während der Meditation lockere, bequeme Kleidung zu tragen, wenn möglich aus Naturfasern.

Nach den klösterlichen Traditionen und meiner Erfahrung ist die Meditation bei Morgendämmerung zweifellos am wirkungsvollsten, da der Geist zu diesem Zeitpunkt die höchste Wahrnehmungskraft besitzt. Durch den nächtlichen Schlaf ist er ausgeruht, klar und aufnahmebereit. Vor allem ist er noch freier von allerlei Gedanken, die ihn unruhig stimmen könnten. Gehören Sie zu den Menschen, die trotz aller Vorsätze und Bemühungen nicht auf den schönen Morgenschlaf verzichten wollen, meditieren Sie abends.

Es ist aber auch möglich, tagsüber bei einfachen Tätigkeiten oder beim Gehen eine Meditation in Form einer Kurzkontemplation durchzuführen, die unter Umständen sehr erfrischend und belebend wirken kann. Wenn Sie zum Beispiel spazieren gehen, legen Sie einfach eine kurze Pause ein, setzen sich unter einen Baum und nehmen die Landschaft, die Schönheit der Natur in sich auf . Zu einem späteren Zeitpunkt, wenn Sie in der Meditation schon geübt sind, können Sie sich die Vergänglichkeit des Baumes bewusst machen.

Auch bei einer Kurzkontemplation, die spontan und ohne Vorbereitung erfolgt, sollten Sie für die eigentliche Meditation den Körper vorbereiten:

Trinken Sie keine anregenden Getränke wie Kaffee, Schwarztee oder Alkohol, sondern eher einen warmen, beruhigenden Kräutertee. Der Magen darf weder überfüllt noch leer sein. Nehmen Sie lieber eine Kleinigkeit zu sich, um ein Hungergefühl zu vermeiden. Mit einer entleerten Blase und einem entleerten Darm können Sie sich besser auf die Meditation konzentrieren.

Legen Sie die Dauer der Meditationssitzung fest, damit Sie sich entsprechend motivieren können. Nehmen Sie sich nicht zu viel vor, denn sonst besteht die Gefahr, dass Sie die Freude und Lust am Meditieren verlieren. Erfahrene Mönche vergleichen die Meditation gerne mit einer Mahlzeit: Wenn wir eine Mahlzeit vorbereiten, schätzen wir die Größe unseres Hungers zunächst ab. Verspüren wir großen Hunger, ist die Vorbereitung aufwendiger. Wir kaufen mehr ein, wir kochen die entsprechende Menge und genießen die Mahlzeit. Ist unser Appetit klein, kaufen wir wenig ein und kochen nur eine Kleinigkeit, die wir ebenfalls genießen. Ist unser Appetit groß und wir kochen zu wenig, ist unser Hunger nicht gestillt und wir fühlen uns unzufrieden. Ist unser Appetit klein und wir kochen und essen zu viel, sind wir übersättigt und fühlen uns ebenfalls nicht wohl.

Um beim Meditieren dieses Gefühl der Unzufriedenheit und des Unwohlseins zu vermeiden, ist es wichtig, dass Sie vorher Ihre Bedürfnisse abschätzen.

Die Bedeutung der Visualisierung

Voraussetzung für die Ausübung vieler, vor allem aber der tibetischen Meditationsmethoden, ist die Fähigkeit zur Visualisierung – eine Fähigkeit, die jeder von uns einsetzt, sei es bewusst oder unbewusst. Visualisieren bedeutet ganz einfach: sich Gesehenes gedanklich in Erinnerung rufen oder sich Nichtgesehenes gedanklich vorstellen. Wenn wir uns nun Bilder gleich welcher Art vorstellen – Szenen aus der Kindheit zum Beispiel oder Pläne für die Zukunft –, lösen diese gleichzeitig bestimmte Gefühle in uns aus.

Bei der visuellen Meditation, das heißt bei Meditationen, die mit der Visualisierung von Bildern arbeiten, wird dieser Mechanismus ganz gezielt eingesetzt, um mit bestimmten Vorstellungen bestimmte Geisteszustände hervorzurufen, die sich wiederum auf die seelisch-körperliche Verfassung auswirken. So überrascht es uns nicht, dass damit körperliche wie geistige Entspannung herbeigeführt werden und – wenn richtig ausgeführt – sogar der Heilungsprozess selbst schwerer Krankheiten ausgelöst werden kann. Immer mehr medizinische und psychologische Studien beweisen diese Zusammenhänge.

Auf unbewusster Ebene visualisiert jeder von uns. Doch wie können wir diese Fähigkeit optimal nutzen? In der tibetischen Meditation hat die Fähigkeit zur tiefen Visualisation schon immer eine zentrale Rolle gespielt. Sie gilt sogar als der Treibstoff der

Meditation. Deshalb finden wir in den uralten tibetischen Texten wunderbare, nachvollziehbare Anleitungen, wie wir diese Fähigkeit langsam trainieren und somit bewusst einsetzen können.

Als oberster Grundsatz hierzu gilt, dass Sie Ihre Fähigkeit zur Visualisation richtig anwenden müssen. Richtig anwenden bedeutet, keine negativen, sondern positive Visualisationsthemen zu verwenden. Wählen Sie unbedacht ein Thema, das negative Emotionen weckt, wird das Visualisieren unverzüglich dazu führen, dass sich die negativen Emotionen verstärken – Sie werden unruhig, nervös und/oder aggressiv. Durch die Wahl eines neutralen Visualisationsthemas oder -objekts, das weder gute noch schlechte Gefühle weckt, werden auch neutrale Gefühle bestärkt. Mit »neutralen« Gefühlen ist nicht gemeint, dass Sie Gleichgültigkeit empfinden, sondern vielmehr Gleichmut im Sinne von frei sein von irgendwelchen Anhaftungen oder Abneigungen.

Da Sie jedoch bestrebt sind, Ihre Visualisierungsfähigkeit optimal zu nutzen, also eine positive, spürbar schöne Erfahrung zu machen, ist die Wahl eines positiven Themas die beste und auch notwendige Voraussetzung dazu.

Während meiner langjährigen Erfahrung als tibetischer Lama im Westen habe ich mit den nun folgenden Meditationen besonders gute Erfahrungen gemacht, da sie allen Menschen ungeachtet ihrer Glaubensrichtung helfen, eine belebende und entspannende Wirkung herbeizuführen. Damit diese Wirkung auch eintritt, habe ich bei den Meditationsanleitungen den Schwerpunkt auf die intensive Ausführung der Visualisierungstechnik gelegt.

Die visuelle Meditation gilt in der tibetischen Meditation auch als sehr praktisches und wirkungsvolles Mittel zur Milderung der täglichen Leiden. Sie fördert Glück und Zufriedenheit, innere Ruhe und Gelassenheit. Die folgenden Meditationen und Mantras machen Sie mit dieser Methode vertraut.

Sinn und Zweck der tibetischen Mantras

M*antras* sind äußerst kraftvolle Silben, denen eine große Heilkraft nachgesagt wird. Wörtlich übersetzt heißt Mantra »Schutz des Geistes vor negativen Einflüssen«. Diese uralten, kraftgeladenen Heilsilben haben ihren Ursprung in der über 4000 Jahre alten vedischen Hochkultur. Die allgemeine Bedeutung der Mantras ist die namentliche, respektvolle Anrufung der jeweiligen Gottheit, um mit ihrem reinigenden Nektar die eigenen Verfehlungen wie Hass, Gier und Unwissenheit zu reinigen. Mit einem Mantra erbittet man sich auch den Schutz der jeweiligen Götter.

In den Lehren Buddhas spielen Mantras eine zentrale Rolle. So werden den von Buddha überlieferten Mantras außergewöhnliche Heilkräfte nachgesagt. Um ihre heilsamen Qualitäten nicht zu beeinträchtigen, werden die Silben in ihrer ursprünglichen Form rezitiert. Die längeren Mantras haben zum Teil eine Kurzfassung, die in ihrer Kraft und Wirkung der vollen Version ebenbürtig ist. Es ist ein besonders schönes Erlebnis, die Mantras mitzusingen und mit ihren Schwingungen zu gehen. Bereits das bewusste Zuhören der sich ständig wiederholenden Klänge der Silben ist äußerst entspannend und sinkt angenehm bis in unser tiefstes Innere ein.

Sie können die Mantras leise vor sich hin sagen, laut singen, in Gedanken rezitieren oder einfach nur anhören. Die Wirkung wird verstärkt, wenn sie mehrmals in einer gleichmäßigen, sich immer wiederholenden Tonfolge rezitiert werden. Beachten Sie dabei, dass »j« wie »dsch« und »sh« wie »sch« ausgesprochen werden.

Tibetische Meditationen und Mantras

Die Nektarreinigung und das Vajrasattva-Mantra

Die Nektarreinigung ist eine äußerst kraftvolle Meditation, um sämtliche negativen Energien körperlicher wie geistiger Natur mit einer heilenden Essenz in Form von Nektar zu reinigen. Begleitet von einer starken Visualisationskraft, ermöglicht sie Ihnen, dass Sie sich bis zu Ihrem tiefsten Inneren öffnen und all Ihre Verfehlungen ablegen.

Die Nektarreinigung kann auf drei Ebenen ausgeführt werden. Auf der Ebene des Buddhisten, auf der Ebene des Andersgläubigen und auf der Ebene des Nichtgläubigen. Die Wirksamkeit dieser Nektarreinigung ist auf allen drei Ebenen gleich. Der Unterschied besteht in der Auswahl und Bedeutung des Meditationsobjekts. Das Meditationsobjekt des Buddhisten ist bei dieser Reinigungsübung die speziell dafür bestimmte Gottheit

Vajrasattva. Der Andersgläubige wählt ein ihm vertrautes, zum Thema passendes heiliges Wesen. Christen können zum Beispiel ein Bild von Jesus oder Maria aufstellen. Um die Visualisation exakt vornehmen zu können, wird das Bild oder die Figur der entsprechenden Gottheit auf Augenhöhe platziert. Der Nichtgläubige stellt sich das Meditationsobjekt als einen kraftvollen, positiven und warmen Lichtkörper vor.

Machen Sie zunächst die üblichen Meditationsvorbereitungen, und sammeln Sie sich einen Moment.

Stellen Sie sich Ihren Körper als ein leeres Gefäß vor. Weißer Nektar fließt auf angenehme Weise vom Meditationsobjekt aus in Sie hinein und füllt Ihr Gefäß so übervoll, dass alle geistigen wie körperlichen Verfehlungen über den Rand hinweggespült werden.

Die tibetische Meditation kann, falls gewünscht, mit einem Mantra begleitet werden, um die Meditation noch intensiver zu erleben.

Gerade bei den Nektarreinigungen ist es sinnvoll, ein Heilmantra, das *Vajrasattva-Mantra*, zu rezitieren. Aber auch das bewusste Zuhören wirkt sehr beruhigend.

> *om vajra sattva hum*
> *om vajra sattva,*
> *mama vyadhi,*
> *vibend adi sarva,*
> *nishedak perbava,*
> *shantim kuru svaha*

Die Heilkraftsammlung und das Medizin-Buddha-Mantra

Eine wunderschöne, inspirierende und wirkungsvolle Übung ist die Meditation zur Heilkraftsammlung. Die Tibeter sind überzeugt, dass die Natur über unschätzbare Heilkräfte verfügt, die über diese spezielle Meditationsmethode für unser aller Wohlergehen genutzt werden können. Es ist ein meditatives Nutzen dieser Heilkräfte der Natur. Die Heilkraftsammlung wird vor allem Ärzten und Heilern empfohlen, um ihre heilerischen Tätigkeiten zu unterstützen und ihren Arzneien noch mehr Wirkkraft zu verleihen. Diese Mediation gilt in der tibetischen Tradition als besonders kostbar. Sie wird auch bei kranken Menschen eingesetzt, um die Wirkungskraft der Medikamente zu verstärken, den Heilungsprozess zu beschleunigen und alle negativen Kräfte fernzuhalten.

Die Heilkraftsammlung kann auf drei Ebenen ausgeführt werden. Der Buddhist stellt sich den Medizin-Buddha als Meditationsobjekt vor. Der Medizin-Buddha erscheint in leuchtend azurblauer Farbe und hält symbolisch eine mit den essentiellen Heilkräften gefüllte Bettelschale in der linken Hand. In seiner rechten Hand hält er die Myrobalan-Pflanze, eine Heilpflanze. Dem Medizin-Buddha würde im Christentum am ehesten Jesus entsprechen. Ein weltlich Praktizierender kann sich hier einen mit angenehmer, positiver Energie geladenen leuchtend blauen Lichtkörper vorstellen.

Machen Sie zunächst die üblichen Meditationsvorbereitungen, und sammeln Sie sich einen Moment.

Stellen Sie sich hingebungsvoll das blaue Meditationsobjekt vor. Schweifen Sie nicht davon ab. Ist das Meditationsobjekt spürbar gegenwärtig, beginnen Sie mit der Meditation.

Beobachten Sie, wie vom Meditationsobjekt unzählige helle Strahlen auf dynamische Weise in alle zehn Richtungen ausgehen: Nord, Süd, Ost, West, Nordwest, Nordost, Südost, Südwest sowie Richtung Himmel und Richtung Erde.

Verfolgen Sie, wie sich diese Strahlen genährt mit den heilenden Kräften der Erde, Pflanzen, Bäume, Mineralien, der Berge, und der Meere der zehn Richtungen auftanken und wieder zum Meditationsobjekt zurückkehren. Von dort aus fließen Sie als wohlriechende, mit Heilkraft getränkte, helle Lichtstrahlen in uns hinein.

Stellen Sie sich vor, wie die hellen, warmen Lichtstrahlen all Ihre Verfehlungen zerstreuen, wie zum Beispiel Gier, Hass und Unwissenheit, die für das Ungleichgewicht der Körperenergien verantwortlich sind und somit Ursache vieler Krankheiten.

Mit dem *Medizin-Buddha-Mantra*

wird in der tibetischen Meditation der Medizin-Buddha respektvoll angerufen und von ganzem Herzen um seinen Segen gebeten, damit wir von Beschwerden frei sein mögen. (Dieses Mantra wird auch Sterbenden zur Beruhigung ins Ohr geflüstert.)

ta-dya-tha,
om beishajye beishajye,
maha beishajye beishajye,
raja samungate svaha

Die Farbregenschauer und die entsprechenden Reinigungsmantras

Da sämtliche Taten des Körpers und der Sprache vom Geist abhängen und gerade eine ungesunde Haltung des Geistes Leid erzeugt, ist die Pflege des Geistes außerordentlich wichtig. Der westliche Mensch legt im Allgemeinen viel Wert auf die äußere Pflege, die Körperpflege. Die tibetische Meditation lehrt, dass es genauso wichtig ist, die innere, die geistige Pflege regelmäßig vorzunehmen. Die Meditation der Farbregenschauer ermöglicht uns auf angenehme Weise, die innere Pflege des Geistes durchzuführen. Mit dieser Übung können Sie negative Emotionen in Schach halten.

Bei der Farbregenschauer-Übung visualisieren Sie fünf Farben. Nach der tibetischen Tradition werden jeder Farbe eine bestimmte Leid erzeugende Geisteshaltung sowie ein Mantra, ein Reinigungsmantra, zugeordnet. Jede Farbe kann einen dieser Leid bringenden Gefühlszustände besiegen; sie besitzt auch die Kraft, diesen zu reinigen. Auf der folgenden Tabelle finden Sie die Zuordnung. Je nach Befinden visualisieren Sie die entsprechende Farbe. Sie werden bald merken, wie die tiefe Visualisation der einzelnen Farben sich direkt auf die entsprechende Emotion auswirkt und diese spürbar abbaut.

Regenwolke	*Emotion*	*Mantrasilbe*
blau	Begierde	ae
grün	Zorn, Hass	yam
weiß	Unwissenheit	wam
gelb	Stolz	lam
rot	Argwohn	ram

Sie nehmen die übliche Meditationshaltung ein, nachdem Sie alle beschriebenen Vorbereitungen durchgeführt haben.

Je nachdem, wie Sie sich gerade fühlen, holen Sie mit Hilfe Ihrer Visualisationsfähigkeit die Regenwolke über sich, die Ihnen hilft, Ihre jeweilige negative Emotion abzubauen. So holen Sie beispielsweise die blaue Regenwolke über sich, wenn die Leid bringende Eigenschaft der Begierde Ihren Geist belastet.

Fangen Sie an, sich langsam vorzustellen, wie von dieser über Ihnen liegenden Wolke allmählich ein immer heftiger werdender Regenguss in blauer Farbe auf Sie herabströmt und Sie angenehm übergießt. Spüren Sie, wie die Leid bringende Emotion der Begierde nachlässt und innerer Friede sich wieder einstellt.

Auf diese Weise holen Sie eine andere Regenwolke über sich, entsprechend der negativen Emotion, die Sie momentan belastet.

Je nachdem, von welcher Emotion Sie sich reinigen möchten, rezitieren Sie das dafür bestimmte Mantra. Jeder Silbe ist wiederum ein vollständiges

Mantra zugeordnet, das Sie in dieser
Form auch rezitieren:

Om ah hum, ae shutdi shutdi a svaha
Om ah hum, yam shutdi shutdi a svaha
Om ah hum, wam shutdi shutdi a svaha
Om ah hum, lam shutdi shutdi a svaha
Om ah hum, ram shutdi shutdi a svaha

Die Energiesammlung der fünf Elemente und die entsprechenden Mantras

Körperliches und geistiges Wohlbefinden gilt in Tibet als Schlüssel zu einem langen, glücklichen Leben. Verwirklichen können wir diesen Wunsch mit der Meditation der *Energiesammlung der fünf Elemente*. Sie wird auch als eine Form der Lang-Lebe-Meditation betrachtet, die ebenfalls auf drei verschiedenen Ebenen durchgeführt werden kann. Der Buddhist verwendet bei dieser Meditation die

Gottheit *Amitayus* in ihrer roten Erscheinung, die Gottheit der *Weißen Tara* oder die Gottheit *Vijaya Devi*. Andersgläubigen empfehle ich eine ihnen besonders nahestehende Gottheit oder ein heiliges Wesen als Meditationsobjekt. Christen visualisieren ein Bild von Jesus. Nichtgläubige visualisieren einen hellen, mit unbeschreiblicher Kraft geladenen Lichtkörper.

Nach tibetischer Auffassung besteht der Mensch aus den gleichen fünf elementaren Bausteinen wie die Natur: aus Erde, Wasser, Feuer, Wind und

Raum. Diese Elemente werden dem Körper zugeordnet. Den festen Bestandteilen des Körpers liegt das Element *Erde* zugrunde, symbolisiert durch die Farbe Gelb. Den Körperflüssigkeiten entspricht das Element *Wasser*, symbolisiert durch die Farbe Weiß. Die Körperwärme entstand aus dem Element *Feuer* und wird durch die Farbe Rot symbolisiert. Der Atem und das Nervensystem bestehen aus den Elementen *Wind* beziehungsweise *Luft* und werden mit der Farbe Grün symbolisiert. Ebenso entstanden unsere Hohlräume im Körper aus dem

Element *Raum*, symbolisiert durch die Farbe Blau.

Element	Mantra	Farbe	Körper-zuordnung
Erde	prithvi	gelb	Knochen, Muskeln, Sehnen, Fett
Wasser	utaka	weiß	Blut, Körperflüssigkeit
Feuer	agne	rot	Körperwärme
Wind/Luft	vayu	grün	Atem- und Nervensystem
Raum	akasha	blau	Körperhohlräume

Wichtigste Voraussetzung für einen gesunden Körper ist nun das harmonische Gleichgewicht dieser fünf Elemente. Ist eines der Elemente in seinem Gleichgewicht gestört, äußert sich diese Störung als Krankheit. Für die Tibeter ist deshalb auch die Erhaltung einer gesunden Umwelt für die Menschheit überlebenswichtig, da wir alle von einer intakten Funktion der fünf Elemente abhängen.

Jedes der Elemente ist notwendig, um unseren Körper funktionstüchtig zu halten, um so für ein möglichst langes Leben zu sorgen. Wenn wir uns diesen Zusammenhang klar vor Augen führen, wird das Bewusstsein für die Wichtigkeit einer intakten Natur und Umwelt geweckt und gestärkt. In uns wächst der Wunsch, die Natur mit all ihren kostbaren Kräften zu schützen und zu bewahren.

Die Wirkung dieser naturverbundenen Meditation liegt darin begründet, dass wir uns durch intensive Meditation über die einzelnen Elemente und deren entsprechende Körperzuordnung regenerieren können. Unser Körper kann dadurch viel Kraft und Energie tanken, und somit schaffen wir die optimale Grundlage für ein langes, gesundes Leben.

Achten Sie darauf, dass Sie alle Meditationsvorbereitungen der Reihe nach durchgeführt haben, und treten Sie in die Meditation ein, indem Sie Ihr Meditationsobjekt in Augenhöhe vor sich visualisieren und einen Moment dabei verweilen.

Beobachten Sie nun, wie zunächst weiße Strahlen vom Meditationsobjekt in alle Richtungen ausschweifen, um sich mit der Erde zu vereinen, damit sie die Kraft der Erde aufnehmen können.

In Form von *gelben* Strahlen, welche die Farbe der *Erde* verkörpern, kommen nun die mit der Kraft der Erde geladenen Strahlen zum Meditationsobjekt zurück. Jeder gelbe Strahl durchflutet das Meditationsobjekt, fällt auf Sie herab, um sich mit Ihrem Körper zu vereinen. Versuchen Sie den Moment der Vereinigung mit den gelben Strahlen der Kraft der Erde bewusst zu erleben. Fühlen Sie sich von dieser Kraft gestärkt.

Der Reihe nach schweifen dann weitere Strahlen vom Meditationsobjekt aus, um die Kraft der anderen Elemente einzufangen:

Die Kraft des *Wassers* bringt die Strahlen in *weißer* Form zum Meditationsobjekt zurück.

Die Kraft des *Feuers* bringt die Strahlen in *roter* Form zurück.

Die Kraft der *Luft* oder des Windes bringt die Strahlen in *grüner* Form.

Und die Kraft des *Raums* bringt die Strahlen in *blauer* Form zurück zum Meditationsobjekt, um es zu durchfluten, bevor sie auf Sie herabstrahlen und Sie mit einem harmonischen Gleichgewicht der fünf Elemente segnen.

Lassen Sie sich körperlich wie seelisch stärken, und fühlen Sie sich glücklich. Sie sind überzeugt, dass alle Hindernisse, die einem langen, gesunden Leben im Weg stehen, beseitigt sind.

Möchten Sie die Wirkung der Energiesammlung verstärken, können Sie zusätzlich die den Elementen zugeordneten Körperübungen mit dem entsprechenden Mantra durchführen.

Mantra zur Energiesammlung des Elements Erde:
om sarva prithvi perbava samgriha bavate svaha

Mantra zur Energiesammlung des Elements Wasser:

om sarva utaka perbava samgriha bavate svaha

Mantra zur Energiesammlung des Elements Feuer:

om sarva agne perbava samgriha bavate svaha

Mantra zur Energiesammlung des Elements Luft/Wind:

om sarva vayu perbava samgriha bavate svaha

Mantra zur Energiesammlung des Elements Raum:
om sarva akasha perbava samgriha bavate svaha

Die drei Lang-Lebe-Mantras

Die Meditation der Sammlung der fünf Elemente können mit den folgenden drei Lang-Lebe-Mantras abgeschlossen werden. Nachdem Sie die fünf oben aufgeführten Übungen zur Energiesammlung ausgeführt haben, setzen Sie sich auf Ihr Kissen, nehmen eine lockere Sitzhaltung ein und lassen die Mantras sanft auf sich wirken. Welches Mantra Sie aufnehmen wollen und ob Sie mitsingen möchten, ist Ihnen überlassen. Für die Tibeter gilt ein langes Leben als ein besonderes Geschenk, weil man dann so viele gute Taten wie möglich häufen kann, um das eigene Karma damit besser zu gestalten. Die Lang-Lebe-Mantras haben somit einen direkten Einfluss auf die Verlängerung des eigenen Lebens.

Das Amitayus-Mantra
Das folgende Mantra ist eine respektvolle Anrufung der Gottheit *Amitayus*, mit der Bitte, uns mit einem langen Leben zu segnen:

om ama rani jivente svaha

Das Tara-Mantra
Mit diesem Mantra können Sie respektvoll die Gottheit *Tara* anrufen, die Retterin, mit der Bitte, sie möge uns vor allen Hindernissen dieses Lebens sowie der zukünftigen Leben befreien und beschützen:

om tare tut-tare ture svaha,
om tare tu-tare,
ture mama ayu punye,
geyana,
pushtim kuru svaha

Das Vijaya-Devi-Mantra
Mit der Bitte, uns mit Unsterblichkeit zu segnen, rufen wir mit diesem Mantra die Gottheit *Vijaya* an:

*om drum svaha,
om amrita ayurdate svaha*

Das Liebe- und Mitgefühl-Mantra Chenresi

Wenn ich von einer Meditation der Liebe und des Mitgefühls spreche, so meine ich hier die *universelle* Liebe. Eine Liebe, die *alle* Lebewesen einschließt – ob Freund, Feind oder eine neutrale Person, unabhängig von ihrer Hautfarbe, sozialen Stellung, ihrem Glauben usw.

Mitgefühl bedeutet, den Wunsch zu verspüren, dass alle Lebewesen frei von Leid sein mögen.

Liebe bedeutet, den Wunsch zu

verspüren, dass alle Lebewesen Glück erfahren mögen.

Gewöhnlich neigen wir dazu, unsere Mitmenschen in drei Kategorien einzuteilen. In der ersten und wichtigsten Kategorie befinden sich unsere Familie und alle engen Freunde, die uns gut gesinnt sind. Ihnen gegenüber empfinden wir große Zuneigung. Zur zweiten Kategorie zählen wir alle unsere Feinde, die uns weniger gut gesinnt sind. Ihnen begegnen wir mit großer Abneigung. Zur dritten Kategorie zählen neutrale Personen, Menschen, die uns weder gut noch schlecht gesinnt sind. Ihnen begegnen wir mit einer gleichgültigen Neutralität.

Mit Hilfe der konzentrativen und der analytischen Meditationsmethode sind wir zur Erkenntnis gelangt, dass unser bisheriges Haften und Begehren sowie Hass und Wut keine handfeste, greifbare Basis haben. So fällt die Einteilung der Mitmenschen in Freund, Feind oder Neutrum weg. Diese so wertvolle Einsicht ist Voraussetzung dafür, dass wir die Meditation über Liebe und Mitgefühl erfolgreich ausüben können.

Denken Sie stets daran, dass die Einteilung Ihrer Mitmenschen in Freund, Feind oder Neutrum nicht von sich aus geschehen ist. Äußere Einflüsse und Umstände haben Sie dazu veranlasst. Auch diese Einflüsse und Umstände sind dem Wandel unterworfen. So kann Ihr Freund von heute Ihr Feind von morgen sein. Die heute neutrale Person kann in nächster Zukunft Ihr neuer Lebenspartner sein. Oder mehr noch: Der heute so gehasste Feind kann plötzlich zum besten Freund werden.

Bevor Sie jedoch Ihre Hassgefühle

in Liebe umwandeln können, müssen Sie Ihre Gefühle zunächst einmal neutralisieren, so wie sie ein schmutziges Tuch zuerst waschen, bevor Sie es einfärben.

Um die Gefühle der Begierde und des Hasses zu neutralisieren, üben Sie sich in Gleichmut. Das folgende Beispiel soll Ihnen verdeutlichen, was mit Gleichmut gemeint ist.

Stellen Sie sich vor, Sie können drei Körperstellungen einnehmen: äußerste Rechtslage für starke Gier und Anhaftung an Ihre Freunde, äußerste Linkslage für brennenden Hass gegenüber Feinden und eine mittlere, entspannte gerade Lage für Gleichmut gegenüber Neutralen. Nur wenn Sie die mittlere Lage des Gleichmuts einnehmen, wird es Ihnen möglich sein, universelle Liebe und universelles Mitgefühl zu entwickeln.

Versuchen Sie nun, diese Vorstellung auf die psychische Ebene zu übertragen. Bei wem spüren Sie extreme Anhaftung beziehungsweise Abneigung? Bei wem verhalten Sie sich neutral? Machen Sie sich bewusst, dass »nicht anzuhaften« nicht bedeutet, dass Sie keine Gefühle zeigen sollen. Kinder zum Beispiel wehren sich instinktiv gegen zu starke Anhaftung, da sie sich dadurch in ihrer freien Entwicklung eingeschränkt fühlen. Dies bedeutet jedoch nicht, dass Sie Ihrem Kind gegenüber keine Gefühle zeigen, sondern dass Sie sich nicht an das Kind klammern sollen.

Ist dieser Gleichmut hergestellt, können Sie mit einer der folgenden Meditationen für Liebe und Mitgefühl beginnen. Sie werden Ihr Herz öffnen, so dass Sie auch in Ihrer nächsten Umgebung mehr Mitgefühl und Liebe zeigen können – auch sich selbst gegenüber. Sie können diese Meditation natürlich auch mit von Ihnen ausgewählten Visualisierungen durchführen.

Führen Sie alle Vorbereitungshandlungen durch, und beginnen Sie die Meditation, indem Sie sich mit großer Entschlossenheit vorstellen, wie sich sämtliche von Leid erfüllten Lebewesen versammeln. Sie haben sie in einem Land zusammengeführt, wo sie nun alle erwartungsvoll auf die Linderung ihres Leides hoffen. Kraft Ihrer unendlichen universellen Liebe und Ihres Mitgefühls lassen Sie das ganze Land mit warmen Lichtstrahlen erhellen und auf sämtliche Lebewesen einwirken. Die warmen, angenehmen Lichtstrahlen durchdringen die vom Leid gezeichneten Lebewesen und erfüllen sie mit Glück und Zufriedenheit.

Visualisieren Sie mit tiefem Mitgefühl und reiner Liebe, wie in einem Land, in dem Menschen und Tiere der Dürre zum Opfer fallen, riesige Gewitterwolken aufziehen, und lassen Sie den rettenden Regen auf das Land, die Menschen und die Tiere prasseln. Das vertrocknete Land wird mit Wasser reichlich versorgt und rettet Mensch und Tier.

Rezitieren Sie das *Chenresi*-Mantra des grenzenlosen Mitgefühls.

om mani padme hum

Gedanken zum Schluss

Ich freue mich, dass ich Sie in den kostbaren Schatz der tibetischen Meditation und Mantras einführen durfte. Wie ich bereits erklärt habe, ist die tibetische Meditation einer der wichtigsten Hauptbestandteile des tibetischen Buddhismus und traditionell nur Buddhisten zugänglich gewesen. Meine praktischen Erfahrungen als tibetischer Lama in der westlichen Welt haben mir jedoch gezeigt, dass der praxisbezogene Teil der tibetischen Meditation zweifellos auch für Andersgläubige sowie Nichtgläubige von höchstem Nutzen sein kann. Die Methoden, die ich Ihnen in diesem Buch vorgestellt habe, sind Bestandteil des Jahrtausende alten Wissens der höheren Geistesschulung des Buddhismus.

Ich habe es mir zur Aufgabe gemacht, Ihnen aus dieser Schatzkammer die kostbaren Juwelen hervorzuholen und sie aufgrund meiner praktischen Erfahrung so zu ergänzen, dass sie auf allen Ebenen ausgeführt werden können und für jeden Menschen, ob Buddhist, Andersgläubiger oder Nichtgläubiger, von gleichem Nutzen sind.

Die praktischen Anweisungen helfen Ihnen, in unserer modernen und hektischen Zeit Ihr inneres Gleichgewicht zu finden und zu bewahren. Der dadurch gewonnene Raum, die gewonnene Stille, hilft Ihnen, im Alltag und im Umgang mit Ihren Mitmenschen viel gelassener zu werden. Nicht nur Sie selbst ziehen größten Nutzen aus der Praxis der vorgestellten Übungen, dadurch dass Sie viel geschickter, überlegener und intelligenter handeln und wirken können, sondern auch Ihr unmittelbares Umfeld wird sich positiv verändern.

Viele entscheiden sich, dieser Welt den Rücken zu kehren und ein Leben fernab der Hektik und Ruhelosigkeit zu führen. Ganz gleich, wohin wir ziehen, solange wir nicht gelernt haben, mit den negativen Verfehlungen des Geistes richtig umzugehen, werden wir bis ans Ende der Welt von unseren negativen Gedanken verfolgt. Solange der Geist von den drei Giften verblendet ist, wird er hungrig allen weltlichen Begierden nachjagen und allem, was sich dem hindernd in den Weg stellt, mit Abneigung begegnen.

Im Leben eines gewöhnlichen Menschen spielen die materiellen Dinge durchaus eine große Rolle, und wir empfinden freilich viel Glück und Freude, wenn wir einen schönen, wertvollen Gegenstand erstanden haben. Es ist auch absolut richtig, dass wir Freude und Glück darüber empfinden. Die Kunst liegt nun darin, den goldenen Mittelweg zwischen der weltlichen und der geistigen Welt zu finden. Wenn wir uns ausschließlich weltlichen Werten verschreiben, wird durch die kurzlebige Natur der weltlichen Werte auch unser Glücksgefühl nur kurz andauern. Wenn wir uns ausschließlich den geistigen Werten verschreiben, können wir in unserer westlichen Gesellschaft, welche die materiellen Werte überbewertet, schlecht überleben.

Und genau hier sehe ich das Wirkungsfeld der in diesem Praxisbüchlein vorgestellten tibetischen Meditation. Uralte Meditationsanweisungen begleitet von ergänzenden wirksamen Entspannungsübungen können ins moderne Leben integriert werden, um eine neue, gesunde Lebenshaltung zu entdecken. Eine neue, gesunde Lebenshaltung, in der es als hohe Lebenskunst angesehen wird, wenn man in der Lage ist, seinen wilden Geist im Zaum zu halten, statt ihm wehrlos ausgeliefert zu sein. Es ist eine Lebenshaltung, welche die Qualitäten von Ost und West miteinander vereint, in der die geistigen Werte den materiellen gleichgestellt werden. Jemand, der eine solche gesunde Lebenseinstellung eingenommen hat, achtet stets auf die äußere wie auch auf die innere Gesundheit und wird sich jederzeit, überall und in allen Lebenslagen einmalig zurechtfinden. Er wird eine Persönlichkeit entwickeln, die innere Ruhe und Stärke ausstrahlt, die ihm selbst, aber auch seinen Mitmenschen zugute kommen wird.

Meine sieben Wunschjuwelen

In diesem Sinne möchte ich dieses Büchlein mit den sieben Wunschjuwelen abschließen:
- Mögen Sie einen wahren Nutzen aus der tibetischen Meditation und den entsprechenden Mantras ziehen.
- Mögen Sie eine spürbare positive Änderung in Ihrem Leben erfahren.
- Mögen Ihre Mitmenschen diese positive Änderung wahrnehmen und davon inspiriert werden.
- Mögen Sie durch Ausdauer und

Geduld den glücksvollen Zustand erlangen und die wahre Natur der Phänomene erkennen.
- Möge Ihnen dadurch das Tor zur inneren Weisheit geöffnet werden, und möge es Sie mit Ihrer angeborenen Quelle der Güte und Liebe verbinden.
- Mögen Sie durch die Praxis der tibetischen Meditationen und Mantras einen wertvollen Beitrag für den universellen Frieden leisten und die Welt erhellen.
- Möge dieser Glanz nie erlöschen.

Lama Dagsay Tulku

Quellennachweis

Lama Dagsay Tulku, *Das Praxisbuch der tibetischen Meditation. Ein Juwel buddhistischer Geistesschulung.* Mit Mantra-CD, © 1999 by Verlag Hermann Bauer, Freiburg im Breisgau.

Weitere Titel aus der Reihe
NAHRUNG FÜR DIE SEELE
finden Sie bei Ihrem Buchhändler

NAHRUNG FÜR DIE SEELE
 ... **schenken macht Freude**